Hallo ihr Lieben,

schließt die Augen und atmet tief ein. Könnt ihr den Advent auch schon riechen? In dieser magischen Zeit verschmelzen würzige Weihnachtsdüfte mit einer kindlichen Vorfreude auf Heilig Abend. Wir versammeln uns mit unseren Liebsten am festlich geschmückten Tisch und genießen die Köstlichkeiten der Adventszeit. Ach, wie sehr wir den Dezember lieben!

Mit diesem Buch nehmen wir euch mit auf eine kulinarische Reise durch diese besondere Zeit. Jeden Tag wartet beim Umblättern eine neue Leckerei auf euch – sowohl süße als auch herzhafte. Lasst euch von unseren 24 raffinierten Rezepten die Zeit bis Weihnachten verkürzen.

Doch die Adventszeit ist mehr als nur das Warten auf Weihnachten. Sie ist eine Zeit der Magie, in der wir die Hektik des Alltags auch mal hinter uns lassen und uns auf das Wesentliche besinnen. Wir genießen das Beisammensein mit unseren Herzensmenschen und nehmen uns Zeit, um auf die vergangenen Monate zu blicken.

Wir hoffen, wir können euch mit unserem Adventskochbuch diese kleinen kostbaren Auszeiten in der zuweilen auch stressigen Vorweihnachtszeit schenken. Unser größtes Geschenk ist neben unserer wundervollen Familie ein neuer Herzenswunsch, den wir uns in diesem Jahr erfüllt haben. Dieses Büchlein ist das erste, das in unserem eigenen Verlag mayëlle erscheint. Es wird für uns immer ein ganz besonderer Schatz sein – für euch hoffentlich auch. Und so starten wir mit Herzen voller Dankbarkeit in die festliche Zeit des Jahres und wünschen euch einen genussvollen sowie besinnlichen Advent!

Maria & Joëlle

Inhalt

Vanillekipferl-Streuselkuchen mit Apfel-Quarkcreme

7

Seite 28

Schoko-mandeln

16

Seite 54

Zimt-Cruffins

2

Seite 14

X-mas Toffee Bars

23

Seite 70

4

Heißer Apfelpunsch

Seite 20

Hummus-Weihnachts-tannenbäumchen

15

Seite 53

3 Schneller Rentier-Kuchen

Seite 18

6 Candy Cane Caprese

Seite 24

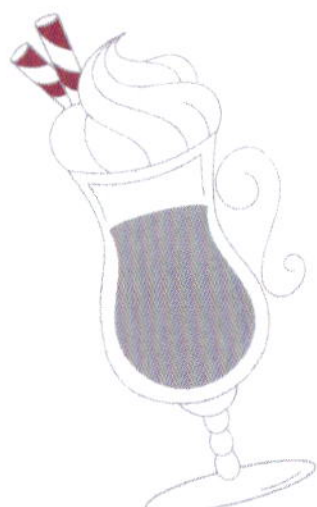

22 Winterliches Bircher Müsli

Seite 69

9 Eierlikörpunsch

Seite 33

18 Marzipan-Wölkchen

Seite 58

Christmas Cheese Ball

8

Seite 30

Zimtschnecken-Gugelhupf

10

Seite 36

Lebkuchen-Mousse-Torte

12

Seite 43

Schnelle Kokosberge

21

Seite 67

Zimtcreme mit Bratapfelstückchen

17

Seite 57

Geeiste Frischkäse-Törtchen mit gezuckerten Cranberrys

24

Seite 74

Lotus Cookies

5

Seite 22

10

Tipps für eine besinnliche Adventszeit

Mit jedem neuen Tag im Dezember steigt nicht nur die Vorfreude auf Weihnachten, sondern häufig auch das Stresslevel. Wir wollen 100 Dinge gleichzeitig machen, um jedem gerecht zu werden. Doch das muss nicht sein. Die Vorweihnachtszeit soll kein Wettbewerb sein und vor allem keine Anhäufung von Pflichtveranstaltungen. Wir wissen, wie hektisch diese Zeit sein kann, aber sind fest davon überzeugt, dass Weihnachten vor allem eine Zeit der Freude, des Zusammenseins und des Genießens sein sollte. Wir verraten euch, wie wir uns mit einfachen Tricks gemütliche Auszeiten im Weihnachtstrubel verschaffen.

1. Planung ist alles

Old but gold: Eine gute Vorbereitung ist der Schlüssel zu einem entspannten Weihnachtsfest. Plant im Voraus, erstellt eine Liste der Dinge, die erledigt werden müssen und teilt die Aufgaben mit euren Liebsten. Gemeinsames Pläneschmieden macht Spaß und steigert die Vorfreude.

2. Schenkt Zeit statt Zeug

Verschenkt in diesem Jahr doch einfach mal Zeit statt Dinge. Anstelle durch überfüllte Einkaufszentren zu eilen, könnt ihr Gutscheine für gemeinsame Aktivitäten basteln, die allen Spaß machen. Solche Geschenke sind wertvolle Schätze, die unvergessliche Erinnerungen schaffen. Achtet am besten darauf, dass es nicht nur beim Gutschein bleibt und vereinbart direkt einen gemeinsamen Termin.

3. Backt gemeinsam Plätzchen

Schnappt euch eure Liebsten und verbringt einen Nachmittag damit, köstliche Weihnachtsplätzchen zu backen. Jeder übernimmt eine Aufgabe, die er besonders gern macht. Genießt das Beisammensein, habt Spaß beim Backen und Naschen. Aber vergesst nicht, ein paar Plätzchen für den Weihnachtsmann übrig zu lassen!

4. Gemütlicher Filmabend

Einfach mal den Fernseher ein- und den Trubel ausschalten. Wählt euren Lieblings-

Weihnachtsfilm aus und veranstaltet einen kuscheligen Filmabend mit Snacks und Drinks. Lacht, weint und habt eine tolle Zeit zusammen. Wenn wir in Weihnachtsstimmung kommen wollen, schauen wir uns übrigens diese Filme an: Kevin allein zu Haus, Während Du schliefst, Schöne Bescherung, Drei Haselnüsse für Aschenbrödel, Liebe braucht keine Ferien und Der kleine Lord.

5. Erstellt eine Weihnachts-Playlist

Mit euren Lieblingshits auf den Ohren macht alles gleich viel mehr Spaß. Stellt euch eine Playlist mit euren Lieblings-Weihnachtsliedern zusammen und lasst sie im Hintergrund laufen, während ihr die festlichen Vorbereitungen trefft. Und wenn ihr gestresst seid: Lauthals mitsingen! Egal ob schief oder ob ihr den Text nur halb kennt, lasst die Endorphine einfach tanzen.

6. Zeit für Dankbarkeit

Nehmt euch einen Moment, um eure Gedanken aufzuschreiben, wofür ihr dankbar seid. Das können eure Herzensmenschen, eure Gesundheit, schöne Urlaubserinnerungen oder unvergessliche Momente mit Freunden sein. Durch dieses Bewusstmachen, wie viele Dinge es in eurem Leben gibt, für die ihr dankbar seid, relativieren sich kleine Vorweihnachts-Dramen meist schnell wieder.

7. Eigene Rituale

Erschafft euch eure eigenen Weihnachtsrituale, die ihr jedes Jahr wieder zelebriert. Bastelt eure eigenen Weihnachtskarten, veranstaltet mit euren Freunden einen Karaoke-Abend samt Punsch und Plätzchen oder besucht mit eurer Familie eine Wohltätigkeitsorganisation in eurer Nähe und helft dort ein paar Stunden aus. Macht das, was euch glücklich macht.

8. Weihnachtsspaziergang in der Natur

Geht spazieren. Atmet die frische Luft ein und nehmt die Schönheit der winterlichen Natur wahr. Konzentriert euch auf das Wesentliche und lasst den Stress mit jedem Schritt weiter hinter euch. Es regnet? Kein Problem, zieht euch was Wetterfestes an. Danach schmeckt die heiße Tasse Tee oder der Kakao umso besser.

9. Weihnachtslichter-Tour

Plant eine abendliche Tour, um die schönsten Weihnachtslichter in eurer Nachbarschaft zu bewundern. Nehmt heiße Schokolade oder süßen Punsch mit und lasst euch von der festlichen Beleuchtung verzaubern. Vielleicht trefft ihr dadurch sogar ein paar liebe Nachbarn, mit denen ihr schon lange keinen Kontakt mehr hattet. Ladet sie ein, euch direkt auf eurer Tour zu begleiten.

10. Haltet durch

Das möchtet ihr jetzt vielleicht nicht lesen, aber manchmal hilft es, Dinge und Situationen einfach mal auszuhalten – vor allem, wenn es um die eigene Familie geht. Immer wieder kommen alte Streitigkeiten und Dramen hoch, die aber wirklich nicht an Weihnachten gelöst oder angesprochen werden müssen. Sollte es doch eskalieren, bietet eurem Gegenüber an, das Thema nach den Feiertagen mit kühlem Kopf zu besprechen. Und dann heißt es: einatmen, ausatmen, lächeln. Genießt den Zauber der Weihnachtszeit!

1

Shortbread Cookies

Portion: für ca. 20 Stück je nach Größe (hier ø ca. 6 cm)

Zeit: 30 Minuten

Zutaten:

100 g Zucker
200 g Weizenmehl, Type 405
100 g Reismehl
200 g weiche Butter
1 Prise Salz

Außerdem optional:

Puderzucker zum Bestäuben

1. Den Backofen auf **160°C Ober-/Unterhitze** vorheizen. Ein Backblech mit Backpapier auslegen.

2. Zucker in den Mixtopf geben und **5 Sekunden | Stufe 10** pulverisieren.

100 g Zucker

3. Mehle, Butter und Salz zugeben, **15 Sekunden | Stufe 5** kneten.

200 g Weizenmehl, Type 405, 100 g Reismehl, 200 g weiche Butter, 1 Prise Salz

4. Teig auf einer bemehlten Arbeitsfläche ca. 1,5 cm dick ausrollen und mit einem Ausstecher nach Wahl ausstechen.

5. Im heißen Ofen **ca. 15-20 Minuten** backen.

6. Shortbread auf einem Kuchengitter abkühlen lassen.

7. Nach Belieben mit Puderzucker bestäuben.

Puderzucker

2

Zimt-Cruffins

Portion: für 12 Stück **Zeit:** 40 Minuten

Zutaten:

130 g weiche Butter
130 g brauner Zucker
3 TL Zimt
2 Rollen frischer Croissant-Teig aus dem Kühlregal

Außerdem:

1 Eigelb (M)
1 EL Milch
Puderzucker

1. Backofen auf **180°C Ober-/Unterhitze** vorheizen. Eine 12er Muffinform einfetten.

2. Butter in den Mixtopf geben, **4 Minuten | 50°C | Stufe 3** schmelzen.

130 g weiche Butter

3. Zucker und Zimt zufügen, **20 Sekunden | Stufe 3** mischen und umfüllen.

130 g brauner Zucker, 3 TL Zimt

4. Croissant-Teig entrollen und die diagonalen Linien ignorieren, sondern den Teig an den horizontalen Linien in je 3 Rechtecke trennen, sodass man insgesamt 6 Rechtecke erhält.

2 Rollen frischer Croissant-Teig aus dem Kühlregal

5. Die Naht zusammendrücken, sodass man eine Fläche erhält.

6. Jedes Teil mit dem Nudelholz etwas weiter ausrollen.

7. Zimtmischung auf die Rechtecke verteilen, dabei einen Rand von 1 cm lassen.

8. Jedes Rechteck von der langen Seite her eng aufrollen.

9. Jede Rolle längs in der Mitte durchschneiden und zu einer Spirale aufrollen.

10. Mit der offenen Seite nach oben in die Muffinform legen.

11. Eigelb und Milch vermengen und die Cruffins damit bestreichen.

1 Eigelb (M), 1 EL Milch

12. Im heißen Backofen **15-20 Minuten** goldbraun backen.

13. Herausnehmen, auskühlen lassen und mit Puderzucker bestäubt servieren.

Puderzucker

3

Schneller Rentier-Kuchen

Portion: für 8 Stück **Zeit:** 60 Minuten + Wartezeit

Zutaten:

Teig:

2 Eier (M)
125 g Rapsöl
125 g Milch
125 g Zucker
100 g Mehl
1 TL Backpulver
1 TL Zimt, gemahlen
1 TL Lebkuchengewürz,
50 g Backkakao
50 g gehackte Mandeln

Deko:

200 g Zartbitterkuvertüre
3 EL geschmacks-neutrales Öl
8 Eisstiele
16 Salzbrezeln
16 Zuckeraugen
8 rote Schokolinsen

1. Den Backofen auf **175°C Ober-/Unterhitze** vorheizen. Springform mit Backpapier auslegen.

2. Eier, Öl, Milch und Zucker in den Mixtopf geben, **1 Minute | Stufe 6** mischen.
2 Eier (M), 125 g Rapsöl, 125 g Milch, 125 g Zucker

3. Mehl, Backpulver, Zimt, Lebkuchengewürz, Kakaopulver und gehackte Mandeln zugeben. **10 Sekunden | Stufe 4** unterrühren.
100 g Weizenmehl, Type 405, 1 TL Backpulver, 1 TL Zimt, gemahlen, 1 TL Lebkuchengewürz, 50 g Backkakao, 50 g gehackte Mandeln

4. Den recht flüssigen Teig in die vorbereitete Springform geben und auf die Arbeitsplatte klopfen, damit sich keine Luftblasen bilden.

5. Im heißen Ofen **ca. 40 Minuten** backen. Stäbchenprobe durchführen.

6. Den Kuchen 10 Minuten auskühlen lassen, dann kopfüber stürzen. So habt ihr eine schöne glatte Oberfläche. Kuchen auskühlen lassen.

7. Für die Dekoration die Zartbitterschokolade in Stücken in den Mixtopf geben, **10 Sekunden | Stufe 8** zerkleinern.
200 g Zartbitterkuvertüre

8. Öl zugeben, **4 Minuten | 50°C | Stufe 1** schmelzen.

3 EL geschmacksneutrales Öl

9. Den Kuchen in 8 Tortenstücke schneiden und jeweils einen Eisstiel hineinstecken.

8 Eisstiele

10. Die geschmolzene Schokolade darüber geben.

11. Brezeln als Geweih legen, Zuckeraugen aufsetzen und Schokolinse als Mund dekorieren.

16 Salzbrezeln, 16 Zuckeraugen,
8 rote Schokolinsen

12. Alles trocknen lassen.

Heißer Apfelpunsch

Portion: für 2 große oder 4 kleine Gläser **Zeit:** 20 Minuten

Zutaten:

1 Orange
800 g naturtrüber Apfelsaft
Saft von ½ Zitrone
2 EL Ahornsirup
3 Nelken
1 Sternanis
1 Zimtstange
¼ TL geriebener Ingwer

Außerdem optional:

200 g geschlagene Sahne
Zimtzucker zum Bestreuen
Schuss Rum oder Amaretto

1. Orange heiß abspülen, trockenreiben und dünn schälen.

1 Orange

2. Orange halbieren, auspressen und zusammen mit Orangenschale, Apfelsaft, Zitronensaft, Ahornsirup, Nelken, Sternanis, Zimtstange und Ingwer in den Mixtopf geben, **20 Minuten | 100 °C | Stufe 2** kochen.

geschälte Orange, 800 g naturtrüber Apfelsaft, Saft von ½ Zitrone, 2 EL Ahornsirup, 3 Nelken, 1 Sternanis, 1 Zimtstange, ¼ TL geriebener Ingwer

3. Heißen Apfel-Sud durch ein Sieb gießen und auf die Gläser verteilen.

4. Nach Belieben Sahne auf den Punsch geben und mit Zimtzucker bestreuen.

200 g geschlagene Sahne, Zimtzucker zum Bestreuen, Schuss Rum oder Amaretto

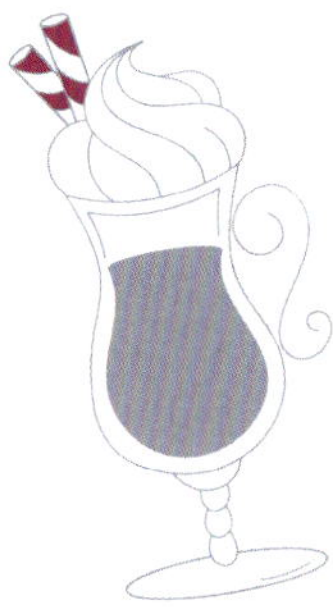

Tipp

Mit einem Schuss Rum, Amaretto oder Calvados und mit Mandelhobeln bestreut zaubert ihr euch einen Bratapfelpunsch.

4

Lotus Cookies

Portion: für 14 Stück, je nach Größe **Zeit:** 30 Minuten

Zutaten:
12 Biscoff® Kekse
100 g weiße Schokolade
120 g weiche Butter
75 g Biscoff® Aufstrich
60 g weißer Zucker
60 brauner Zucker
1 Ei (M)
160 g Weizenmehl, Type 405
20 g Speisestärke
½ TL Backpulver
1 Prise Salz

1. Biscoff® Kekse und weiße Schokolade mit einem Messer grob hacken.
12 Biscoff® Kekse, 100 g weiße Schokolade

2. Den Backofen auf **180°C Ober-Unterhitze** vorheizen. Zwei Backbleche mit Backpapier auslegen.

3. Butter mit Biscoff® Creme und beide Zuckersorten in den Mixtopf geben, **2 Minuten | Stufe 3** cremig rühren.
120 g weiche Butter, 75 g Biscoff® Aufstrich, 60 g weißer Zucker, 60 g brauner Zucker

4. Ei zugeben, noch mal **1 Minute | Stufe 3** mischen.
1 Ei (M)

5. Mehl, Speisestärke, Backpulver und Salz zugeben, **40 Sekunden | Stufe 4** verrühren, ggf. mit dem Spatel noch etwas unterrühren.
160 g Weizenmehl, Type 405, 20 g Speisestärke, ½ TL Backpulver, 1 Prise Salz

6. Kekse und weiße Schokolade mit dem Spatel unterheben.

7. Mithilfe eines Teigportionierers Kugeln formen und mit Abstand auf die vorbereiteten Backbleche setzen.

8. Im heißen Ofen **ca. 15 Minuten** goldbraun backen.

Tipp

Biscoff® ist eine samtige Creme mit Karamellgeschmack, die man in jedem gut sortierten Supermarkt bekommt.

5

Candy Cane Caprese

Portion: für 4 Portionen **Zeit:** 10 Minuten

Zutaten:

Basilikum-Pesto:

30 g Parmesan
30 g Pinienkerne
1 Knoblauchzehe
Saft von ½ Zitrone
50 g Basilikum
70 g Olivenöl
1 Prise Salz
1 kl. getrocknete Chilischote

Außerdem:

2 Tomaten
1 Mozzarellarolle oder 2 Kugeln
Olivenöl
Salz & Pfeffer aus der Mühle
Basilikumblätter

Basilikum-Pesto:

1. Parmesan in den Mixtopf geben, **15 Sekunden | Stufe 10** zerkleinern.

30 g Parmesan

2. Pinienkerne, Knoblauch, Zitronensaft, Basilikum, Olivenöl, Salz und Chilischote zugeben, **20 Sekunden | Stufe 7** zerkleinern und umfüllen.

30 g Pinienkerne, 1 Knoblauchzehe, Saft von ½ Zitrone, 50 g Basilikum, 70 g Olivenöl, 1 Prise Salz, 1 kl. getrocknete Chilischote

Fertigstellung:

3. Tomaten waschen, Mozzarella abtropfen lassen.

2 Tomaten, 1 Mozzarellarolle oder 2 Kugeln

4. Mozzarella und Tomaten in Scheiben schneiden, im Wechsel zu einer „Zuckerstange/Candy Cane“ legen.

5. Etwas vom Pesto kleckerweise darauf geben und mit Olivenöl beträufeln.

Basilikumpesto, Olivenöl

6. Mit Salz und Pfeffer würzen und mit Basilikumblättern bestreut servieren.

Salz & Pfeffer aus der Mühle, Basilikumblätter

Tipp

Reste vom Pesto in ein Glas geben und glattstreichen. Mit Öl bedeckt und verschlossen hält es sich im Kühlschrank dann ca. 3 Wochen.

6

7

Vanillekipferl-Streuselkuchen mit Apfel-Quarkcreme

Portion: für 1 rechteckige Springform, ca. 34 x 23,5 cm

Zeit: 45 Minuten

Zutaten:

Teig:
250 g Vanillekipferl
250 g kalte Butter
150 g Zucker
1 Ei (M)
250 g Weizenmehl, Type 405
1 TL Vanillezucker
1 Pk. Backpulver

Belag:
1000 g Magerquark
1 Ei (M)
200 g Zucker
1 Pk. Vanillepuddingpulver zum Kochen
20 g Zitronensaft

Äpfel:
4 rotschalige Äpfel, geschält und in Würfel geschnitten

Vanillekipferl-Streusel:
200 g Vanillekipferl
100 g gehackte Mandeln

Außerdem:
Puderzucker zum Bestäuben

1. Eine rechteckige Springform mit Backpapier auslegen. Den Backofen auf **180°C Ober-/Unterhitze** vorheizen.

Teig:

2. Vanillekipferl in den Mixtopf geben, **3 Sekunden | Stufe 5** zerkleinern.
250 g Vanillekipferl

3. Butter, Zucker, Ei, Mehl, Vanillezucker und Backpulver zugeben, **15 Sekunden | Stufe 5** zu Streuseln verarbeiten.
250 g kalte Butter, 150 g Zucker, 1 Ei (M), 250 g Weizenmehl, Type 405, 1 TL Vanillezucker, 1 Pk. Backpulver

4. 250 g der Teigstreuselmasse beiseitestellen. Den Rest in die vorbereitete Springform als Boden festdrücken.

Belag:

5. Alle Zutaten für den Belag in den Mixtopf geben, **50 Sekunden | 4 Stufe** verrühren und auf den Teigboden geben.

1000 g Magerquark, 1 Ei (M), 200 g Zucker, 1 Pk. Vanillepuddingpulver zum Kochen, 20 g Zitronensaft

6. Apfelwürfel darauf verteilen.

4 rotschalige Äpfel, geschält und in Würfel geschnitten

Streusel:

7. Vanillekipferl in den Mixtopf geben, **3 Sekunden | Stufe 6** zerkleinern. Die zur Seite gestellten Streusel mit den gehackten Mandeln zugeben, **15 Sekunden | Stufe 4** mischen.

200 g Vanillekipferl, 250 g Streusel, 100 g gehackte Mandeln

8. Die Streuselmasse auf den Äpfeln verteilen und im heißen Ofen **ca. 35 Minuten** backen.

9. Herausnehmen und vollständig auskühlen lassen. Dann wird der Kuchen fester.

10. Nach Belieben mit Puderzucker bestäubt servieren.

Puderzucker zum Bestäuben

Christmas Cheese Ball

Portion: für 1 Ball, ca. 8 Portionen **Zeit:** 90 Minuten

Zutaten:

½ Bund Petersilie

400 g Doppelrahmfrischkäse

150 g Ziegenfrischkäse

50 g geriebener heller Cheddar

½ TL Knoblauchpulver

¼ TL Pfeffer

1 TL Worcestersauce

Salz

Außerdem:

250 g Granatapfelkerne

1. Petersilie in den Mixtopf geben, **3 Sekunden | Stufe 8** zerkleinern. Mit dem Spatel vom Rand nach unten schieben.

½ Bund Petersilie

2. Doppelrahmfrischkäse, Ziegenfrischkäse, Cheddar, Knoblauchpulver, Pfeffer und Worcestersauce zugeben, **20 Sekunden | Stufe 4** mischen.

400 g Doppelrahmfrischkäse, 150 g Ziegenfrischkäse, 50 g geriebener heller Cheddar, ½ TL Knoblauchpulver, ¼ TL Pfeffer, 1 TL Worcestersauce

3. Mit Salz abschmecken.

Salz

4. Käsemischung mit den Händen zu einem Ball formen, für eine Stunde kühlen.

5. Granatapfelkerne auf einen großen Teller geben und den Käseball vorsichtig rundherum darin wenden, bis er vollständig bedeckt ist. Mit der Hand evtl. kahle Stellen auffüllen.

250 g Granatapfelkerne

6. Noch mal mindestens **20 Minuten** kühl stellen und nach Belieben mit Crackern servieren.

8

9

Eierlikörpunsch

Portion: für 6 Gläser à ca. 200 ml **Zeit:** 10 Minuten

Zutaten:

Punsch:
700 g Eierlikör, selbstgemacht oder gekauft
1 EL Rohrzucker
400 g Orangensaft
200 g Sahne
Mark von ½ Vanilleschote
1 Msp. Zimtpulver

Zimtsahne:
150 g Sahne
½ TL Zimt
½ TL Zucker

Außerdem:
optional weiteres Sahnehäubchen
Glitzer-Puderzucker
Zuckerperlen

1. Eierlikör, Zucker, Orangensaft, Sahne, Vanillemark und Zimt in den Mixtopf geben, **8 Minuten | 80°C | Stufe 3** erhitzen und umfüllen.
700 g Eierlikör selbstgemacht oder gekauft, 1 EL Rohrzucker, 400 g Orangensaft, 200 g Sahne, Mark von ½ Vanilleschote, 1 Msp. Zimtpulver

2. Mixtopf spülen.

3. Für die Zimtsahne, den Rühraufsatz in den Mixtopf einsetzen.

4. Sahne, Zimt und Zucker zugeben und unter Sichtkontakt auf **Stufe 3.5** steif schlagen.
150 g Sahne, ½ TL Zimt, ½ TL Zucker

Fertigstellung:

5. Jeweils 1-2 EL von der Zimtsahne auf die Gläser verteilen und den heißen Eierlikörpunsch darüber gießen.

6. Nach Belieben mit einem Sahnehäubchen, Glitzer-Puderzucker und Zuckerperlen garniert servieren.
Optional weiteres Sahnehäubchen, Glitzer-Puderzucker, Zuckerperlen

10

Zimtschnecken-Gugelhupf

Portion: für 1 Kuchen **Zeit:** 60 Minuten

Zutaten:

Füllung:
200 g Pekannüsse
80 g brauner Zucker
1 EL Zimtpulver

Teig:
170 g weiche Butter
200 g Zucker
3 Eier (L)
2 TL Vanille Extrakt
325 g Weizenmehl, Type 405
2 TL Backpulver
½ TL Zimtpulver
1 Prise Salz
120 g Milch
120 g Sahne

Topping:
140 g Puderzucker
3 EL Milch
1 TL Zimt

Außerdem:
gehackte Pekannüsse

1. Den Backofen auf **180°C Ober-/Unterhitze** vorheizen. Eine Gugelhupf-Form fetten.

Füllung:

2. Pekannüsse, Zucker und Zimtpulver in den Mixtopf geben, **10 Sekunden | Stufe 8** pürieren und umfüllen.
   200 g Pekannüsse, 80 g brauner Zucker, 1 EL Zimtpulver

Teig:

3. Rühraufsatz in den Mixtopf einsetzen.

4. Butter und Zucker in den Mixtopf geben, **4 Minuten | Stufe 3** cremig aufschlagen.
   170 g weiche Butter, 200 g Zucker

5. Rühraufsatz entfernen.

6. Weitere **1 Minute | Stufe 4** einstellen und die Eier nach und nach durch die Deckelöffnung zugeben.
   3 Eier (L)

7. Vanille Extrakt, Mehl, Backpulver, Zimtpulver, Salz, Milch und Sahne zugeben, **20 Sekunden | Stufe 5** verrühren.
   2 TL Vanille Extrakt, 325 g Weizenmehl, Type 405, 2 TL Backpulver, ½ TL Zimtpulver, 1 Prise Salz, 120 g Milch, 120 g Sahne

8. ¼ des Teigs in die Form geben und glattstreichen.

9. Auf den Teig ⅓ der Nussmasse geben.

10. Mit ¼ Teig bestreichen und erneut ⅓ Nussmasse auf den Teig geben.

11. So weiterverfahren, bis alles aufgebraucht ist. Mit Teig abschließen.

12. Im heißen Backofen **ca. 50 Minuten** backen. Stäbchenprobe durchführen.

13. Kuchen auskühlen lassen.

Topping:

14. Die Zutaten in den Mixtopf geben, **2 Minuten | Stufe 4** verrühren und auf den ausgekühlten Kuchen geben.

140 g Puderzucker, 3 EL Milch, 1 TL Zimt

15. Gehackte Pekannüsse darauf geben und trocknen lassen.

gehackte Pekannüsse

11

Safran-Mandel-Reis mit Granatapfel-Hähnchen

Portion: für 4 Portionen **Zeit:** 45 Minuten

Zutaten:

Reis:

½ Bd. Petersilie
60 g Mandelblättchen
1 EL Olivenöl
300 g Basmati-Reis
1000 g Wasser
1 TL Salz
0,2 g Safran

Hähnchen:

1 Zwiebel
500 g Hähnchenbrustfilet
2 EL Harissa
190 g Granatapfelsaft
1 TL Gemüsebrühpulver
Salz & Pfeffer

Außerdem:

½ Granatapfel
Öl zum Anbraten

1. Petersilie in den Mixtopf geben, **3 Sekunden | Stufe 8** zerkleinern und umfüllen.
   ½ Bd. Petersilie

2. Die Mandelblättchen in einer Pfanne ohne Fett rösten, beiseitestellen.
   60 g Mandelblättchen

3. Die Kerne aus dem Granatapfel lösen.
   ½ Granatapfel

4. Etwas Olivenöl in einem Topf erhitzen, Reis zugeben und kurz anbraten.
   etwas Olivenöl, 300 g Basmati-Reis

5. Wasser, Salz und Safran in den Mixtopf geben, Reis in das Garkörbchen geben und einsetzen, **15 Minuten | Varoma | Stufe 3** garen. Sobald das Wasser „kocht" (nach etwa 10 Minuten), auf **Stufe 4** hochstellen.
   1000 g Wasser, 1 TL Salz, 0,2 g Safran

6. In der Zwischenzeit das Hähnchen zubereiten: Öl in einer Pfanne erhitzen. Zwiebeln hacken, anbraten, dann zur Seite schieben.
   Öl zum Anbraten, 1 Zwiebel

7. Hähnchenfilets dazugeben und von allen Seiten anbraten. Harissa und den Granatapfelsaft unterrühren, dann das Gemüsebrühpulver zugeben. Mit Salz und Pfeffer würzen.
   500 g Hähnchenbrustfilet, 2 EL Harissa, 190 g Granatapfelsaft, 1 TL Gemüsebrühpulver, Salz & Pfeffer

8. Ohne Deckel **10 Minuten** köcheln lassen, bis die Sauce eingedickt und das Hähnchen durchgegart ist. Hälfte der Granatapfelkerne unterrühren.

einen Teil der Granatapfelkerne

Fertigstellen:

9. Den gekochten Reis in eine Schüssel geben, mit einer Gabel auflockern. Mit Öl, Petersilie, Granatapfelkernen und Mandeln mischen. Mit Salz und Pfeffer würzen.

1 EL Olivenöl, zerkleinerte Petersilie, restliche Granatapfelkerne, Mandelblättchen, Salz & Pfeffer

10. Reis mit Hähnchen anrichten.

12

Lebkuchen-Mousse-Torte

Portion: für 1 Torte ø 24cm **Zeit:** 60 Minuten + Wartezeit

Zutaten:

Mürbeteigboden:
125 g Zucker
1 TL Vanillezucker
3 Eier (M)
125 g Butter
100 g Weizenmehl, Type 405
25 g Speisestärke
3 TL Backpulver

Schokoladenboden:
3 Eier (M)
140 g Butter
70 g Backkakao
1 TL Lebkuchengewürz
250 g Zucker
1 EL Vanillezucker
200 g gemahlene Mandeln
1 Prise Salz

Mousse:
200 g Zartbitterschokolade, in Stücken
150 g Vollmilchschokolade, in Stücken
800 g Sahne
2 TL Lebkuchengewürz

Außerdem:
50 g geschmolzene Zartbitterschokolade
Kakaopulver zum Bestäuben

Optional:
essbare goldene Schokoladenkugeln

1. Den Backofen auf **175°C Ober-/ Unterhitze** vorheizen.
Eine Springform ø 24 cm mit Backpapier auslegen.

Mürbeteig:

2. Zucker, Vanillezucker, Eier, Butter, Mehl, Speisestärke und Backpulver in den Mixtopf geben, **1 Minute | Stufe 3.5** vermengen.
125 g Zucker, 1 TL Vanillezucker, 3 Eier (M), 125 g Butter, 100 g Weizenmehl, Type 405, 25 g Speisestärke, 3 TL Backpulver

3. Den Teig in die Springform geben, festdrücken und **30 Minuten** backen.

Schokoladenboden:

4. Eier trennen.
3 Eier (M)

5. Rühraufsatz in den Mixtopf einsetzen.

6. Eiweiß in den fettfreien Mixtopf geben, **3 Minuten | Stufe 3.5** steif schlagen.

7. Rühraufsatz entfernen.
Eischnee umfüllen und Mixtopf spülen.

8. Backofen auf **180°C Umluft** vorheizen.

9. Butter in den Mixtopf geben, **3 Minuten | 50°C | Stufe 1** schmelzen.
140 g Butter

10. Backkakao, Lebkuchengewürz, Zucker, Vanillezucker, Mandeln und Salz zugeben, **20 Sekunden | Stufe 4.5** verrühren.
70 g Backkakao, 1 TL Lebkuchengewürz, 250 g Zucker, 1 EL Vanillezucker, 200 g gemahlene Mandeln, 1 Prise Salz

11. Masse zum Eiweiß geben und unterheben, bis der Teig gut vermengt, aber dennoch fluffig ist.

12. Den Teig in die Springform geben und im heißen Ofen **ca. 30 Minuten** backen. Stäbchenprobe durchführen.

Die Schokoladensahne und die Böden am besten am Vortag zubereiten.

Tipp

13. Komplett auskühlen lassen und waagerecht durchschneiden, sodass man 2 Teigböden erhält.

Mousse:

14. Schokolade in den Mixtopf geben, **5 Sekunden | Stufe 8** zerkleinern. Mit dem Spatel vom Rand nach unten schieben.

200 g Zartbitterschokolade, in Stücken, 150 g Vollmilchschokolade, in Stücken

15. Sahne und Lebkuchengewürz zugeben, **7 Minuten | 60°C | Stufe 1** erhitzen.

800 g Sahne, 2 TL Lebkuchengewürz

16. Umfüllen und **mindestens 3 Stunden** kühlen, bis alles andickt.

17. Zum Aufschlagen der Schokoladensahne den Rühraufsatz in den Mixtopf einsetzen.

18. Schokoladensahne zugeben und unter Sichtkontakt bei **Stufe 3.5** locker aufschlagen.

Fertigstellung:

19. Wenn beide Böden fertig gebacken und ausgekühlt sind und die Schokoladensahne zu Mousse aufgeschlagen ist, geht's ans Fertigstellen.

20. Den Mürbeteigboden mit der geschmolzenen Schokolade bestreichen und einen Schokoladenboden darauf legen.

50 g geschmolzene Zartbitterschokolade

21. Auf den ersten Boden etwas Schokoladenmousse geben und den zweiten Boden darauf legen.

22. Restliche Schokoladenmousse großzügig darauf geben, und wellenförmig mit einem Löffelrücken darauf streichen.

23. Torte großzügig mit Kakaopulver bestäuben und nach Belieben mit essbaren goldenen Schokoladenkugeln garnieren.

Kakaopulver, essbare goldene Schokoladenkugeln

Florentiner Happen

Portion: für 1 Blech, ca. 30 x 35 cm **Zeit:** 45 Minuten

Zutaten:
100 g Butter
100 g Honig
200 g Zucker
100 g Sahne
2 Prisen Salz
1 Prise Zimtpulver
300 g gehobelte Mandeln
100 g gehackte Haselnüsse
40 g gemahlene Haselnüsse
Abrieb von 1 Bio-Orange

Außerdem:
50 g gehackte Pistazien
50 g gehackte Mandeln
50 g Belegkirschen
100 g Zartbitter-schokolade

1. Backblech mit Backpapier auslegen. Den Backofen auf **175°C Umluft** vorheizen.

2. Butter, Honig, Zucker, Sahne, Salz und Zimtpulver in den Mixtopf geben, **7 Minuten | 90°C | Stufe 2** erhitzen.
100 g Butter, 100 g Honig, 200 g Zucker, 100 g Sahne, 2 Prisen Salz, 1 Prise Zimtpulver

3. Mandeln, gehackte Haselnüsse, gemahlene Haselnüsse und Orangenabrieb zugeben, **5 Minuten | 90°C | Linkslauf | Stufe 2** erhitzen.
300 g gehobelte Mandeln, 100 g gehackte Haselnüsse, 40 g gemahlene Haselnüsse, Abrieb von 1 Bio-Orange

4. Mischung auf dem vorbereiteten Backblech gleichmäßig verstreichen. Gehackte Pistazien, gehackte Mandeln und Kirschen darauf verteilen und **ca. 15 Minuten** goldbraun backen und anschließend komplett auskühlen lassen.
50 g gehackte Pistazien, 50 g gehackte Mandeln, 50 g Belegkirschen

5. Mixtopf spülen.

6. Schokolade in den Mixtopf geben, **7 Sekunden | Stufe 8** zerkleinern, dann **3 Minuten | 50°C | Stufe 2** schmelzen.
100 g Zartbitterschokolade

7. Die abgekühlten Florentiner in Stücke schneiden und die Unterseite mit geschmolzener Schokolade bestreichen und fest werden lassen.

8. Bis zum Servieren im Kühlschrank aufbewahren.

13

14

Tipp

Wir haben hier Gewürz-Spekulatius zerbröselt

Weihnachtskeks-Dessert mit Kirschen

Portion: für 4 Portionen **Zeit:** 20 Minuten

Zutaten:

Kirschen:

1 Glas Schattenmorellen, Abtropfgewicht 350 g
100 g aufgefangener Kirschsaft
80 g Zucker
1 EL Vanillezucker
1 geh. TL Speisestärke in etwas Wasser angerührt

Creme:

200 g Sahne
250 g Mascarpone
250 g Magerquark
200 g Joghurt
1 TL Vanille Extrakt
60 g weißer Zucker
ca. 1 TL rosa Lebensmittelfarbe

Außerdem:

250 g Weihnachtskekse nach Wahl

1. Kirschen in einem Sieb abtropfen lassen und dabei 100 g Kirschsaft auffangen.

1 Glas Schattenmorellen, Abtropfgewicht 350 g

2. Aufgefangenen Kirschsaft, Zucker, Vanillezucker und angerührte Speisestärke in den Mixtopf geben, **5 Minuten | 100 °C | Stufe 3** aufkochen.

100 g aufgefangener Kirschsaft, 80 g Zucker, 1 EL Vanillezucker, 1 geh. TL Speisestärke in etwas Wasser angerührt

3. Kirschen zugeben, **2 Minuten | 80°C | Linkslauf | Sanftrührstufe** unterrühren und umfüllen.

abgetropfte Kirschen

4. Mixtopf spülen.

5. Rühraufsatz in den Mixtopf einsetzen.

6. Sahne in den Mixtopf geben und bei **Stufe 3.5** unter Sichtkontakt steif schlagen und umfüllen. Rühraufsatz bleibt eingesetzt.

200 g Sahne

7. Mascarpone, Quark, Joghurt, Vanille Extrakt und Zucker in den Mixtopf geben, **1 Minute | Stufe 4** cremig rühren.

250 g Mascarpone, 250 g Magerquark, 200 g Joghurt, 1 TL Vanille Extrakt, 60 g weißer Zucker

8. Sahne zugeben, **10 Sekunden | Stufe 3** unterrühren. Mit dem Spatel nochmals durchrühren.

steif geschlagene Sahne

9. Hälfte der Creme aus dem Mixtopf nehmen.

10. Zum verbliebenen Rest rosa Lebensmittelfarbe geben und bei **Stufe 3** unterrühren, sodass eine schöne rosa Creme entsteht.

ca. 1 TL rosa Lebensmittelfarbe

11. Nun alles in Gläser schichten Jeweils Kirschen, Creme und zerbröselte Kekse ins Glas schichten.

12. Mit Kirschen und Keksbrösel abschließen.

250 g Weihnachtskekse nach Wahl

Tipp

Alternative zur Lebensmittelfarbe: ein paar Löffel vom Kirschsaft zum Einfärben. Aber Achtung: je mehr Kirschsaft, desto flüssiger wird die Creme.

15

Hummus-Tannenbäume

Portion: für 8 Portionen **Zeit:** 15 Minuten

Zutaten:

Hummus:

250 g gekochte Kichererbsen, gut abgetropft
150 g kaltes Wasser
2 Knoblauchzehen
Saft von 1 Bio-Zitrone
½ TL Salz
½ TL Cumin (Kreuzkümmel), gemahlen
150 g Sesampaste | Tahina, selbstgemacht oder gekauft

Außerdem:

Salz & Pfeffer
6 Wraps (ø hier 26 cm)
½ Granatapfel
½ Bd. Petersilie, gehackt
½ Bd. Schnittlauch, in Röllchen geschnitten

Hummus:

1. Die gut abgetropften Kichererbsen in den Mixtopf geben, **20 Sekunden | Stufe 8** pürieren. Das kalte Wasser zugeben, **10 Sekunden | Stufe 6** verrühren. Mit dem Spatel alles vom Rand nach unten schieben.

250 g gekochte Kichererbsen, gut abgetropft, 150 g kaltes Wasser

2. Knoblauchzehen, Zitronensaft, Salz und Cumin zugeben, weitere **30 Sekunden | Stufe 8** mixen. Mit dem Spatel alles vom Rand nach unten schieben.

2 Knoblauchzehen, Saft von 1 Bio-Zitrone, ½ TL Salz, ½ TL Cumin (Kreuzkümmel), gemahlen

3. Tahina zum Püree geben und noch mal **1.5 Minuten | Stufe 8** cremig und fluffig mixen.

150 g Sesampaste | Tahina, selbstgemacht oder gekauft

4. Nochmals abschmecken.

Salz & Pfeffer

Tannenbäumchen:

5. Wraps in der Pfanne oder Backofen kurz aufbacken, anschließend in Dreiecke schneiden.

6 Wraps (ø hier 26 cm)

Fertigstellung:

6. Kerne aus dem Granatapfel lösen.

½ Granatapfel

7. Dreiecke mit Hummus bestreichen, mit den Kräutern bestreuen und die Granatapfelkerne als „Kugeln“ darauf geben.

½ Bund Petersilie, gehackt, ½ Bund Schnittlauch, in Röllchen geschnitten

Tipp

Sollte noch Hummus übrig sein, diesen als Dip dazu reichen oder verschlossen für max. 5 Tage im Kühlschrank aufbewahren.

Schokomandeln

Portion: für 200 g **Zeit:** 20 Minuten

Zutaten:
200 g Mandeln mit Haut
100 g Vollmilch- oder Zartbitterschokolade
1 TL Lebkuchengewürz oder Zimtpulver
Mark von 1 Vanilleschote
150 g Puderzucker

1. Den Backofen auf **180°C Umluft** vorheizen. Ein Backblech mit Backpapier auslegen.

2. Mandeln auf dem Blech verteilen und 10 Minuten rösten. Abkühlen lassen.
200 g Mandeln mit Haut

3. Schokolade in Stücken in den Mixtopf geben, **4 Minuten | 50°C | Stufe 1** schmelzen.
100 g Vollmilch- oder Zartbitterschokolade

4. Lebkuchengewürz und Vanillemark zugeben, **10 Sekunden | Stufe 2** unterrühren und in eine Schüssel umfüllen.
1 TL Lebkuchengewürz, Mark von 1 Vanilleschote

5. Mandeln zur Schokolade geben, gut verrühren, sodass alle schön mit Schokolade überzogen sind.

6. Puderzucker in eine verschließbare Schüssel geben, Schokomandeln zugeben und die Schüssel verschließen.
150 g Puderzucker

7. Gut schütteln, bis alle Mandeln komplett mit Puderzucker ummantelt sind.

8. Vollständig auskühlen lassen.

16

17

Zimtcreme mit Bratapfelstückchen

Portion: für 4 Portionen **Zeit:** 15 Minuten

Zutaten:

Äpfel:

3 Äpfel, geschält und gewürfelt
1 EL brauner Zucker
1 EL Zitronensaft
50 g Apfelsaft
½ TL Zimtpulver

Zimtcreme:

50 g brauner Zucker
500 g Quark
1 EL Vanillezucker
1 TL Zimtpulver
150 g Schmand

Außerdem:

Amarettini, zerbröselt

Äpfel:

1. Äpfel, Zucker, Zitronensaft, Apfelsaft und Zimt in den Mixtopf geben, **8 Minuten | 100°C | Linkslauf | Stufe 0.5** köcheln lassen und umfüllen.
   3 Äpfel, geschält und gewürfelt, 1 EL brauner Zucker, 1 EL Zitronensaft, 50 g Apfelsaft, ½ TL Zimtpulver

2. Mixtopf spülen.

Creme:

3. Zucker, Quark, Vanillezucker, Zimt und Schmand in den Mixtopf geben, **20 Sekunden | Stufe 3** vermischen, bis eine cremige Masse entsteht.
   50 g brauner Zucker, 500 g Quark, 1 EL Vanillezucker, 1 TL Zimtpulver, 150 g Schmand

4. Gläser mit der Quarkcreme füllen, Apfelwürfel darauf geben und mit zerbröselten Amarettini toppen.
   Amarettini, zerbröselt

Marzipan-Wölkchen

Portion: für ca. 20 Stück **Zeit:** 25 Minuten

Zutaten:

400 g Marzipan
2 Eiweiß (M)
80 g Zucker
150 g Mandelblättchen

Außerdem:

Puderzucker zum Bestäuben

1. Backofen auf **160 °C Ober-/Unterhitze** vorheizen. Ein Backblech mit Backpapier auslegen.

2. Marzipan in Stücken mit Eiweiß und Zucker in den Mixtopf geben, **25 Sekunden | Stufe 4** verkneten.
   400 g Marzipan, 2 Eiweiß (M), 80 g Zucker

3. Mit angefeuchteten Händen oder einem Teigportionierer kleine Kugeln formen, ca. Walnuss-Größe, und in den Mandelblättchen wälzen, bis sie komplett bedeckt sind.
   150 g Mandelblättchen

4. Die Kugeln auf das vorbereitete Backblech legen und für **ca. 20 Minuten** goldgelb backen.

5. Marzipan-Wölkchen etwas abkühlen lassen und mit Puderzucker bestäuben.
   Puderzucker zum Bestäuben

18

Garnelen-Cocktail

Portion: für 4 Portionen **Zeit:** 20 Minuten

Zutaten:

12 Garnelen, aufgetaut oder frisch
2 Handvoll Salat nach Wahl
4 Radieschen
1 Avocado
etwas Zitronensaft

Dressing:

2 TL Dijon Senf
2 TL Meerrettich
1 TL Tomatenmark oder Ketchup
1 Spritzer Worcestersauce
2 EL heller Balsamico-Essig
2 EL Olivenöl

Außerdem:

Salz & Pfeffer
Öl zum Anbraten
Kresse

1. Die Garnelen mit Salz und Pfeffer würzen und in einer Pfanne mit Öl anbraten, beiseitestellen.

12 Garnelen, aufgetaut oder frisch, Salz & Pfeffer, Öl zum Anbraten

2. Den Salat putzen, waschen und abtropfen lassen, in kleine Stücke zupfen und auf die Gläser verteilen.

2 Handvoll Salat nach Wahl

3. Die Radieschen putzen, in Scheiben schneiden und ins Glas geben.

4 Radieschen

4. Die Avocado entkernen und würfeln, mit Zitronensaft beträufeln und auf die Radieschen ins Glas geben.

1 Avocado, etwas Zitronensaft

5. Jeweils drei Garnelen auf jeden Salat geben.

angebratene Garnelen

6. Für das Dressing den Senf, Meerrettich, Tomatenmark oder Ketchup, Worcestersauce, Essig und Olivenöl in den Mixtopf geben, **20 Sekunden | Stufe 3** mischen. Mit Salz und Pfeffer würzen und über den Salat geben.

2 TL Dijon Senf, 2 TL Meerrettich, 1 TL Tomatenmark oder Ketchup, 1 Spritzer Worcestersauce, 2 EL heller Balsamico-Essig, 2 EL Olivenöl, Salz & Pfeffer

7. Mit Kresse bestreuen und servieren.

Kresse

19

CHRISTMAS
WONDERFUL
time
of
THE

20

Marmor-Lebkuchenwaffeln mit Kirschkompott und Sahne

Portion: für 6 Waffeln **Zeit:** 30 Minuten

Zutaten:

Heller Teig:

3 Eier (M)
125 g Zucker
1 TL Vanillezucker
1 Prise Salz
125 g Butter
250 g Weizenmehl, Type 405
2 TL Backpulver
150 g Milch
50 g Sahne

Außerdem:

40 g geschmolzene Zartbitterschokolade
20 g Backkakao
1 EL Lebkuchengewürz
2 EL Milch

Kirschkompott:

1 Glas Schattenmorellen, ca. 350 g Abtropfgewicht
½ TL geriebene Zitronenschale
1 TL Vanillezucker
2 Prisen Zimt
15 g Speisestärke

Optional:

Schlagsahne

1. Eier, Zucker, Vanillezucker, Salz und Butter in den Mixtopf geben, **1 Minute | Stufe 4** schaumig rühren.
3 Eier (M), 125 g Zucker, 1 TL Vanillezucker, 1 Prise Salz, 125 g Butter

2. Mehl und Backpulver **40 Sekunden | Stufe 4** unterrühren.
250 g Weizenmehl, Type 405, 2 TL Backpulver

3. Milch und Sahne zufügen, **1 Minute | Stufe 3.5** mischen, bis der Teig schön glatt und cremig ist.
150 g Milch, 50 g Sahne

4. ⅓ der Masse in eine Schüssel umfüllen.

5. Geschmolzene Schokolade, Backkakao, Lebkuchengewürz und Milch zum verbliebenen Teig in den Mixtopf geben, **10 Sekunden | Stufe 3.5** unterrühren.

40 g geschmolzene Zartbitterschokolade, 20 g Backkakao, 1 EL Lebkuchengewürz, 2 EL Milch

6. Waffeleisen vorheizen.

7. 2-3 TL dunklen Teig in das Waffeleisen geben, eine Kelle hellen Teig darauf verteilen. Mit einem Holzstäbchen durchgehen.

8. **Ca. 3-5 Minute**n goldbraun ausbacken.

Kirschkompott:

9. Gareinsatz in den Mixtopf einhängen, Schattenmorellen in den Gareinsatz abgießen, Gareinsatz mithilfe des Spatels herausnehmen und Kirschen in eine Schüssel umfüllen.

1 Glas Schattenmorellen, ca. 350 g Abtropfgewicht

10. Zitronenschale, Vanillezucker, Zimt und Speisestärke in den Mixtopf zugeben und **5 Sekunden | Stufe 3** verrühren, dann **6 Minuten | 100°C | Stufe 1** aufkochen.

½ TL geriebene Zitronenschale, 1 TL Vanillezucker, 2 Prisen Zimt, 15 g Speisestärke

11. Angedickten Kirschsaft zu den Kirschen in die Schüssel geben.

12. Die fertigen Waffeln mit Schlagsahne und dem Kirschkompott servieren.

Schlagsahne, Kirschkompott

21

Schnelle Kokosberge

Portion: für ca. 24 Stück, je nach Größe **Zeit:** 30 Minuten

Zutaten:
400 g gezuckerte Kondensmilch, z.B. Milchmädchen
250 g Kokosraspel
1 TL Vanille Extrakt
50 g Schoko-Tröpfchen oder gehackte Schokolade

Außerdem:
50 g geschmolzene Schokolade

1. Den Backofen auf **180°C Ober-/Unterhitze** vorheizen. Zwei Backbleche mit Backpapier auslegen.

2. Gezuckerte Kondensmilch, Kokosraspel und Vanille Extrakt in den Mixtopf geben, **20 Sekunden | Stufe 4** verrühren.
400 g gezuckerte Kondensmilch, z.B. Milchmädchen, 250 g Kokosraspel, 1 TL Vanille Extrakt

3. Schokolade zugeben, **10 Sekunden | Linkslauf | Stufe 3** unterrühren.
50 g Schoko-Tröpfchen oder gehackte Schokolade

4. Mit einem Eisportionierer kleine Kugeln auf das vorbereitete Backblech setzen und **ca. 12-14 Minuten** backen. Die Makronen sollten knusprig sein und die Oberfläche leicht gebräunt.

5. 5 Minuten auf dem Blech abkühlen lassen, dann auf ein Kuchengitter geben und komplett auskühlen lassen.

6. Geschmolzene Schokolade in Streifen darüber geben und trocknen lassen.
50 g geschmolzene Schokolade

Tipp
Haltbarkeit: ca. 3 Wochen

22

Winterliches Bircher Müsli

Portion: für 4 - 6 Portionen **Zeit:** 10 Minuten + Wartezeit

Zutaten:
50 g Pekannüsse
½ Orange
1 rotschaliger Apfel
150 g kernige Haferflocken
375 g Milch
60 g Orangensaft
1 EL Zitronensaft
1 EL Ahornsirup
1 gestr. TL Zimtpulver
375 g griechischer Joghurt
50 g getrocknete Cranberrys

Zum Servieren:
optional Klecks Joghurt
geröstete Pekannüsse
Orangenstückchen
getrocknete Cranberrys

1. Pekannüsse in einer Pfanne ohne Fett anrösten.
50 g Pekannüsse

2. Fruchtfleisch der Orange in kleine Stücke schneiden.
½ Orange

3. Apfel vierteln und entkernen, zusammen mit den gerösteten Pekannüssen im Mixtopf **3 Sekunden | Stufe 4** zerkleinern.
1 rotschaliger Apfel

4. Haferflocken, Milch, Orangensaft, Zitronensaft, Ahornsirup, Zimt und Joghurt hinzugeben, **15 Sekunden | Linkslauf | Stufe 4** mischen.
150 g kernige Haferflocken, 375 g Milch, 60 g Orangensaft, 1 EL Zitronensaft, 1 EL Ahornsirup, 1 gestr. TL Zimtpulver, 375 g griechischer Joghurt

5. Orangenstücke und getrocknete Cranberrys mit dem Spatel unterrühren.
Orangenstücke, 50 g getrocknete Cranberrys

6. Müsli umfüllen und über Nacht zugedeckt im Kühlschrank ziehen lassen.

7. Am nächsten Morgen das Bircher Müsli umrühren, auf Schalen aufteilen. Nach Belieben noch etwas Joghurt on top geben und mit gerösteten Pekannüssen, Orangenstücken und Cranberrys toppen.
optional Klecks Joghurt, geröstete Pekannüsse, Orangenstückchen, getrocknete Cranberrys

Tipp

Ihr könnt auch statt Zimt prima Lebkuchengewürz verwenden.

X-mas Toffee Bars

Portion: für 1 Blech

Zeit: 40 Minuten

Zutaten:

40 runde Salzcracker, Ritz oder Club Cracker
150 g Butter
70 g Sahne
200 g brauner Zucker
400 g weiße Kuvertüre
weihnachtliche Zuckerstreusel

1. Den Backofen auf **170°C Grad Ober-/Unterhitze** vorheizen. Ein Backblech oder rechteckige Backform mit Backpapier auslegen.

2. Cracker auf das Backblech geben. 5x8 Stück. Sollte euer Backblech größer sein, bitte mit Backpapier o.Ä. verkleinern, sonst reicht die Karamellmasse nicht aus.

40 runde Salzcracker, Ritz oder Club Cracker

3. Butter, Sahne und Zucker in den Mixtopf geben, **13 Minuten | Varoma | Stufe 2** kochen.

150 g Butter, 70 g Sahne, 200 g brauner Zucker

4. Masse über die Cracker geben und verteilen, **15 Minuten** im heißen Ofen backen. Die Karamellmasse sollte schön blubbern.

5. Blech aus dem Ofen nehmen und vollständig auskühlen lassen.

6. Kuvertüre in Stücken in den Mixtopf geben, **10 Sekunden | Stufe 7** zerkleinern.

7. Mit dem Spatel vom Rand nach unten schieben und **5 Minuten | 70°C | Stufe 2** schmelzen.

400 g weiße Kuvertüre

8. Geschmolzene Kuvertüre über die Toffee-Schicht geben, Streusel darüber streuen und aushärten lassen.

weihnachtliche Zuckerstreusel

9. Anschließend in beliebig große Stücke schneiden.

Tipp

Luftdicht verpackt halten sie sich etwa 14 Tage.

23

24

Geeiste Frischkäse-Törtchen mit gezuckerten Cranberrys

Portion: für 2 Törtchen | Dessertringe ø ca. 7cm **Zeit:** 270 Minuten

Zutaten:

Cranberrys:
100 g Wasser
200 g Zucker
100 g Cranberrys
Zucker zum Wälzen

Boden:
50 g Butter
100 g Butterkekse
¼ TL Zimtpulver

Creme:
100 g Frischkäse
100 g Mascarpone
50 g Puderzucker
½ TL Vanille Extrakt

Außerdem:
Rosmarinzweige
optional Schlagsahne

Cranberrys:

1. Wasser und Zucker in den Mixtopf geben, **10 Minuten | Varoma | Stufe 1 ohne Messbecher** kochen.
100 g Wasser, 200 g Zucker

2. Zuckerwasser zu den Cranberrys geben, mischen und 10 Minuten ziehen lassen.
100 g Cranberrys

3. Cranberrys dann herausnehmen und abtropfen lassen, rundherum in Zucker wälzen und trocknen lassen.
Zucker zum Wälzen

Boden:

4. Butter in den Mixtopf geben, **4 Minuten | 50°C | Stufe 1** schmelzen.
50 g Butter

5. Butterkekse und Zimt zugeben, **20 Sekunden | Stufe 7** mischen.
100 g Butterkekse, ¼ TL Zimt

6. Mischung auf die Dessertringe verteilen und fest andrücken. Bis zur weiteren Verwendung im Kühlschrank ruhen lassen.

7. Mixtopf spülen.

Creme:

8. Frischkäse, Mascarpone, Puderzucker und Vanille Extrakt in den Mixtopf geben, **20 Sekunden | Stufe 3** verrühren und auf die Böden in den Dessertringen verteilen.

100 g Frischkäse, 100 g Mascarpone,
50 g Puderzucker, ½ TL Vanille Extrakt

9. Die Törtchen für mindestens 4 Stunden, bestenfalls über Nacht, in den Gefrierschrank stellen.

10. 30 Minuten vor dem Servieren aus dem Gefrierfach holen und aus den Dessertringen lösen.

11. Frischkäse-Törtchen mit Cranberrys und Rosmarin toppen.

gezuckerte Cranberrys, Rosmarinzweige

12. Nach Belieben noch Sahnetuffs aufspritzen.

optional Schlagsahne

Dankeschön,

im Vorwort haben wir bereits erwähnt, dass dieses Buch das erste in unserem eigenen Verlag mayëlle ist. Es jetzt in den Händen zu halten und die Seiten zu betrachten, von denen wir jede einzelne mit so viel Liebe und Hingabe gefüllt haben, erfüllt uns mit einem unfassbaren Glücksgefühl. Den ersten Blick in sein eigenes gedrucktes Buch werfen zu können, ist immer etwas ganz Besonderes, aber bei diesem hier sprudeln unsere Herzen vor Freude und Dankbarkeit über.

Es war ein großer Schritt, den wir mit der Verlagsgründung gewagt haben, aber jetzt wissen wir, dass es der richtige war. Doch ohne unsere geliebte Familie wäre das wie immer gar nicht möglich gewesen. Unsere Männer unterstützen uns in all unseren noch so verrückten Vorhaben. Vielen Dank, dass ihr an unsere Träume glaubt und diesen Weg mit uns gemeinsam geht!

Ein weiteres großes Dankeschön geht an unsere Herzensfamilie. Liebe Yinin, wir können uns keine bessere Partnerin vorstellen, die uns auf all unseren Abenteuern begleitet. Denn sie ist das Y im Verlagsnamen und hat mit uns zusammen mayëlle (Manu Yinin Joëlle) gegründet. Dein Auge fürs Detail macht unsere Bücher immer zu etwas ganz Besonderem!

Auch unseren Freunden und Nachbarn gilt ein großes Dankeschön. Ihr seid unsere Vorkoster und gebt uns wertvolle Rückmeldungen. Zudem schafft ihr uns kleine Auszeiten in unserem Alltag. Vielen Dank, dass ihr immer ein offenes Ohr für uns habt und einen leeren Magen.

Unser ganz besonderer Dank geht aber natürlich wieder an euch. Es lässt sich kaum in Worte fassen, was es uns bedeutet, dass ihr uns schon all die Jahre begleitet. Ihr seid die wundervollste Community, die wir uns nur wünschen können – ihr seid Teil unserer Familie! Vielen Dank, dass ihr uns online durch den Tag begleitet, uns inspiriert und unsere Rezepte einen festen Platz in euren Küchen haben. Ohne euch würde es food with love nicht geben.

Vielen Dank, dass ihr alle Teil unseres Lebens seid!

Mit einem Herzen voller Dankbarkeit freuen wir uns, auch ein Teil eurer besinnlichen Vorweihnachtszeit sein zu dürfen. Vielleicht konntet ihr beim ersten Durchblättern dieses Buches bereits neue Lieblingsrezepte entdecken. Wir sind gespannt, wie euch unsere Köstlichkeiten gefallen! Also markiert uns gern auf Instagram, wenn ihr ein Gericht nachgekocht habt.

Wir wünschen euch nun einen wunderschönen Dezember, der erfüllt ist von Freude, Liebe und köstlichen Momenten. Und denkt immer dran: Lasst euch nicht stressen und sorgt zwischendurch für erholsame Auszeiten mit euren Liebsten und genießt diese magische Zeit.

Eure Manu & Joëlle

www.instagram.com/foodwithlove.de

www.foodwithlove.de

www.foodwithlove.shop

www.facebook.com/foodwithlovede

www.pinterest.de/foodwithlovede

Alphabetisches Verzeichnis

Impressum

mayëlle Verlag GmbH
Fliederbusch 15
42549 Velbert

+49 (0) 2051 3098133
mail@mayelle-verlag.de
www.mayelle-verlag.de

Dieses Kochbuch wurde nach bestem Wissen und Gewissen verfasst. Weder der Verlag noch die AutorInnen tragen die Verantwortung für ungewollte Reaktionen oder Beeinträchtigungen, die aus der Verarbeitung der Zutaten entstehen. Der Markenname „Thermomix®" ist rechtlich geschützt und wird nur als Bestandteil der Rezepte verwendet. Für Schäden, die bei der Zubereitung der Gerichte an Personen oder Küchengeräten entstehen, wird keine Haftung übernommen. Bitte beachten Sie die Anwendungshinweise der Gebrauchsanweisung Ihres Thermomixgerätes.

Rezepte: Manuela und Joëlle Herzfeld
Rezeptfotos: © Manuela und Joëlle Herzfeld
Titelbild: Manuela und Joëlle Herzfeld
Fotos S. 2, 77, 78, 80, 81: Yinin Got
Text: Maike Doege
Lektorat: Maud Roßdeutscher
Layout/Satz: Yinin Got (Büro Bataakoon)
Druck: F&W Druck- und Mediencenter GmbH
Printed in Germany

ISBN: 978-3-00-076843-9

FSC www.fsc.org
MIX
Papier aus verantwortungsvollen Quellen
FSC® C018828

eco zoom
natureOffice.com/DE-248-MN4K1DM
Rohstoffe
Transporte
Produktion
g CO2e
924
pro Produkt
CO2e-Emissionen ausgeglichen

Notizen

Notizen

Notizen

Notizen